Pueblos indígenas del ÁRTICO

Por Lynda Arnéz

Traducido por Esther Sarfatti

Gareth Stevens
PUBLISHING

Please visit our website, www.garethstevens.com. For a free color catalog of all our high-quality books, call toll free 1-800-542-2595 or fax 1-877-542-2596.

Cataloging-in-Publication Data

Names: Arnéz, Lynda, author.
Title: Pueblos indígenas del Ártico / Lynda Arnéz, translated by Esther Safratti.
Description: New York : Gareth Stevens Publishing, 2017. | Series: Pueblos indígenas de Norte América | Includes index.
Identifiers: ISBN 9781482452587 (pbk.) | ISBN 9781482452600 (library bound) | ISBN 9781482452594 (6 pack)
Subjects: LCSH: Inuit–Arctic regions–History–Juvenile literature. |
  Indians of North America–Arctic regions–History–Juvenile literature.
Classification: LCC E99.E7 A7653 2017 | DDC 970.004/9712–dc23

First Edition

Published in 2017 by
Gareth Stevens Publishing
111 East 14th Street, Suite 349
New York, NY 10003

Translator: Esther Safratti
Designer: Samantha DeMartin
Editor: Kristen Nelson

Photo credits: Series art AlexTanya/Shutterstock.com; cover, p. 1 UniversalImagesGroup/Universal Images Group/ Getty Images; p. 5 (main) Christopher Wood/Shutterstock.com; p. 5 (map) AlexCovarrubias/Wikimedia Commons; p. 7 (main) Photo 12/Universal Images Group/Getty Images; p. 7 (map) Peter Hermes Furian/Shutterstock.com; p. 9 Science & Society Picture Library/SSPL/Getty Images; p. 11 Sergey Krasnoschokov/Shutterstock.com; p. 13 Wolfgang Kaehler/LightRocket/Getty Images; p. 15 (main) Dmytro Pylypenko/Shutterstock.com; p. 15 (harpoon) Werner Forman/Universal Images Group/Getty Images; p. 17 Fox Photos/Hulton Archive/Getty Images; p. 19 Apic/ Hulton Archive/Getty Images; p. 21 Andrew H. Brown/National Geographic/Getty Images; p. 23 Hulton Archive/Hulton Archive/Getty Images; pp. 25, 29 (mask) Edward S. Curtis/Wikimedia Commons; p. 27 (main) Universal History Archive/ Universal Images Group/Getty Images; p. 27 (mask) Wellcome Images/Wikimedia Commons; p. 29 (duck) Ansgar Walk/Wikimedia Commons; p. 29 (doll) McLeod/Wikimedia Commons.

Printed in the United States of America

CPSIA compliance information: Batch #CS16GS: For further information contact Gareth Stevens, New York, New York at 1-800-542-2595.

CONTENIDO

Vivir en el Ártico. 4

Antepasados 6

Agrupados por sus lenguas. 8

Escapar del frío 10

Construir sus casas 12

La caza 14

Sabroso pescado. 16

Viajes por la nieve. 18

Ropa de invierno 20

Trabajo por hacer 22

Todo queda en familia. 24

El mundo de los espíritus 26

Contacto exterior 28

Glosario. 30

Para más información 31

Índice. 32

Las palabras del glosario se muestran en **negrita** la primera vez que aparecen en el texto.

VIVIR EN EL ÁRTICO

Al escuchar la palabra "Ártico", automáticamente pensamos en frío polar, nieve y largas noches. Aun así, en la **región** ártica de Norteamérica ¡vive gente desde hace miles de años!

Todos los aspectos de la vida diaria de los pueblos indígenas del Ártico se **adaptaron** a las condiciones de su entorno. Sus casas estaban hechas para protegerlos del frío y del mal tiempo, y su ropa era abrigada y resistente al agua. Aprovechaban al máximo los **recursos** naturales disponibles y, sobre todo, trabajaban juntos y valoraban a los que usaban sus conocimientos para ayudar a la comunidad a sobrevivir el frío.

En geografía, "Ártico" se refiere a la zona que rodea el Polo Norte. Termina hacia el sur alrededor de 65° de **latitud** norte.

Groenlandia

Canadá

Estados Unidos

México

■ =Región donde vivía la gente del Ártico

La región ártica de Norteamérica abarca partes de lo que hoy son Canadá y Alaska. Alguna vez se incluye Groenlandia en esta zona, aunque este libro examinará solo la parte de Norteamérica.

ANTEPASADOS

Hace unos 20,000 años, Alaska y Siberia estaban unidos por un puente terrestre llamado Beringia. Los **antepasados** de los pueblos indígenas de Norteamérica llegaron de Asia y probablemente vivieron en esta tierra durante miles de años. Cuando el agua comenzó a cubrirla hace unos 13,000 años, cruzaron Beringia y llegaron a Norteamérica.

Muchos siguieron camino hacia el sur para instalarse en las cálidas y acogedoras tierras de las Grandes Llanuras, en la actual California y otras regiones de lo que hoy es Estados Unidos. Otros se quedaron en el Ártico.

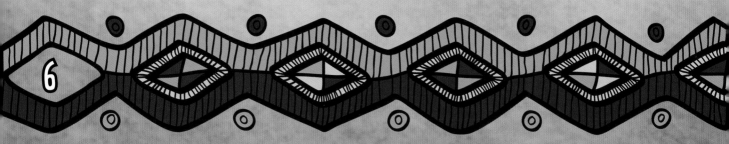

SIBERIA

BERINGIA

ALASKA

ESTRECHO DE BERING

Hace ya miles de años que el puente terrestre de Beringia está completamente sumergido en el agua. Ahora se conoce como el estrecho de Bering.

Agrupados por sus LENGUAS

Los pueblos indígenas del Ártico se pueden dividir en tres grupos principales basados en sus lenguas **tradicionales**. Los yupiks, los aleutas y los inuit-iñupiaqs hablan lenguas ligeramente diferentes, pero todos **descienden** de pueblos que formaban parte de la familia de lenguas esquimo-aleutianas (o inuit-aleutianas).

Seguramente conoces el término "esquimal". Sin embargo, los pueblos indígenas del Ártico no quieren ser conocidos por ese nombre. Estos grupos se suelen llamar simplemente los "inuits". Entre ellos, los estilos de vida, casas y comunidades son muy similares.

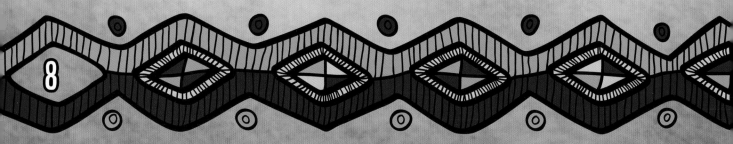

Para los inuits era muy importante ayudarse los unos a los otros para poder sobrevivir en lugares tan fríos.

¿Quieres saber más?

"Esquimal" significa "que come carne cruda".
Quizás por eso no quieren que los llamen así.
"Inuit" significa "pueblo" o "seres humanos".

9

Escapar del FRÍO

En el Ártico, no hay forma de escapar del frío del invierno. En la costa, las tormentas de lluvia y nieve son terribles. En tierra adentro, las temperaturas pueden bajar muy por debajo de los 32 °F (0 °C), el punto de congelación.

Por esta razón, muchos pueblos del Ártico vivían como nómadas. Ser nómada significa no quedarse mucho tiempo en un mismo lugar. Viajaban según las estaciones, en busca de los mejores lugares para encontrar comida y resguardarse del frío y del mal tiempo. Cuando las manadas de caribúes viajaban al sur en invierno, los inuits los seguían.

¿Quieres saber más?

Los pueblos indígenas del Ártico solían vivir en la costa durante el invierno y en tierra adentro durante el verano.

Los caribúes pertenecen a la familia de los ciervos. Se contaban entre los animales de caza más importantes para los inuits.

Construir SUS CASAS

Seguramente el tipo de vivienda más conocida de los pueblos del Ártico es el iglú. Sin embargo, los iglúes se construían sobre todo en el Ártico central y no eran el tipo de casa más común en toda esta región tan fría.

El *karmak* era otro tipo de vivienda que tenía una parte subterránea y el techo redondeado. Su estructura se hacía con costillas de ballena y madera, y después se cubría con tierra. En primavera y verano, muchos indígenas del Ártico hacían tiendas con piel de caribú o foca. Estas tiendas eran fáciles de desmontar, por lo que eran perfectas para el estilo de vida nómada de estos pueblos.

El tipo de tienda que construía la gente del Ártico para la primavera y el verano se llamaba *tupik* o *tupiq*.

¿Quieres saber más?

Los iglúes se construían con bloques de nieve y hielo. Las mujeres y los niños se encargaban de rellenar los huecos que quedaban entre los bloques mientras los hombres construían un pequeño túnel que servía de entrada a la vivienda.

13

La CAZA

Los pueblos del Ártico cazaban durante todo el año. El oso polar, el buey almizclero, la liebre ártica y el caribú eran algunos de los animales terrestres que cazaban.

En las costas del Ártico cazaban focas. Las focas hacen pequeños agujeros en el hielo para poder respirar después de sumergirse en busca de comida. Los cazadores buscaban estos agujeros. Cuando las focas salían a la superficie para respirar, los cazadores las mataban con una herramienta larga y afilada llamada arpón.

Los pueblos indígenas del Ártico aprovechaban todas las partes de los animales que cazaban, desde la carne hasta los huesos y la piel.

arpón

El tipo de animal que se cazaba dependía de la época del año. Las focas, por ejemplo, eran más fáciles de cazar entre julio y septiembre.

15

Sabroso PESCADO

Algunos inuits vivían en las riberas de los ríos del Ártico. Pescaban en las aguas de estos ríos, así como en el océano. Algunos de los pescados que comían los inuits eran el salmón, el pescado blanco y la trucha.

El arpón se usaba también para pescar. Se le ataba hilo de pescar, además de flotadores hechos de piel de foca. En invierno, ¡la gente del Ártico hacía agujeros en el hielo para poder pescar! Otras herramientas que usaban los inuits para pescar eran las redes y las lanzas.

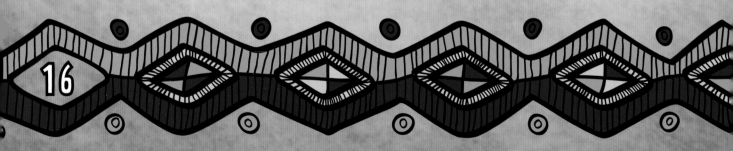

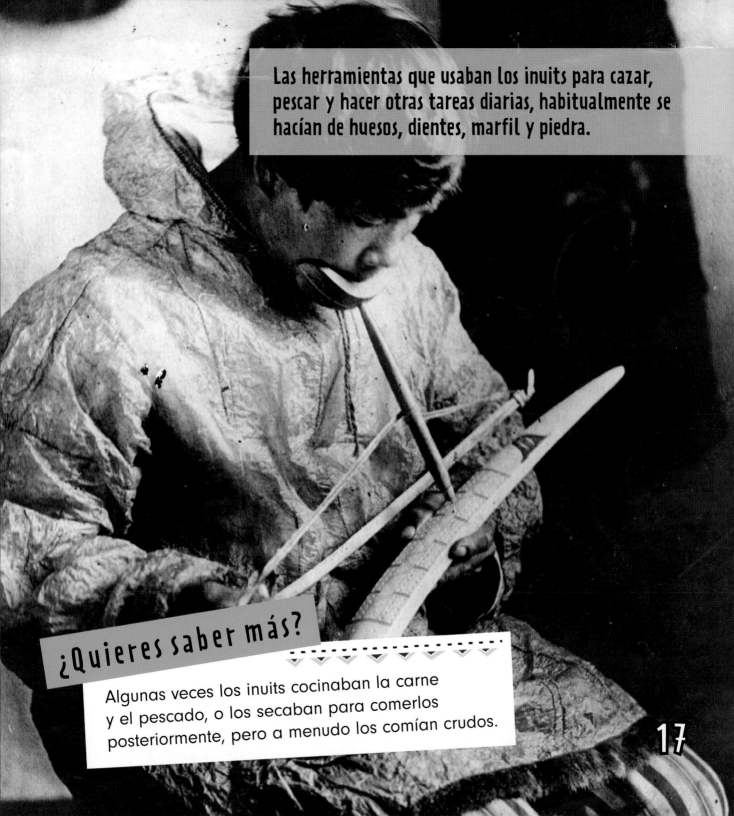

Las herramientas que usaban los inuits para cazar, pescar y hacer otras tareas diarias, habitualmente se hacían de huesos, dientes, marfil y piedra.

¿Quieres saber más?

Algunas veces los inuits cocinaban la carne y el pescado, o los secaban para comerlos posteriormente, pero a menudo los comían crudos.

17

Viajes por la NIEVE

Cuando los inuits tenían que desplazarse a pie durante el invierno, llevaban botas hechas con varias capas de piel de animal para abrigar los pies y mantenerlos secos. Para que fuera más fácil andar por el hielo y la nieve, colocaban objetos puntiagudos en las suelas de las botas. También usaban trineos tirados por perros para viajar.

Durante el verano, cuando las aguas del Ártico no estaban cubiertas de hielo, los indígenas usaban dos tipos de embarcaciones. Los kayaks servían para una persona, mientras que los umiaks podían acomodar entre 10 y 15 personas.

Los inuits usaban los *umiaks* en mar abierto para cazar ballenas.

Los kayaks eran ligeros, impermeables y se desplazaban fácilmente por el agua.

19

Ropa de INVIERNO

Los pueblos indígenas del Ártico se aseguraban de llevar ropa que los protegiera del frío. La ropa usada por los hombres y las mujeres era similar. Estaba hecha de cuero y pieles de animal, sobre todo de caribú, pero también de lobo, oso polar, plumas de pájaro y piel de foca.

Durante los meses más fríos, los inuits llevaban varias capas de mitones, botas, pantalones y abrigos pesados llamados parkas. A menudo la ropa tenía una capa de piel por dentro y otra por fuera. Además, llevaban anteojos especiales para la nieve hechos de **astas** de caribú.

Las madres inuits llevaban a sus hijos pequeños dentro de la capucha de sus parkas.

¿Quieres saber más?

En los pies, los indígenas llevaban normalmente tres capas: unas medias gruesas, unas botas de piel de foca y unos botines también de piel.

21

Trabajo por HACER

En el frío del Ártico, los hombres y las mujeres tenían que trabajar juntos para sobrevivir. Aunque tenían trabajos diferentes, unos complementaban los otros. En general, los hombres inuits construían las casas, cazaban, pescaban y hacían las herramientas que utilizan para la caza y la pesca.

Las mujeres se ocupaban de hacer y remendar la ropa de abrigo tan necesaria para los inuits. Cocinaban y cuidaban a los niños. Las mujeres también curtían las pieles de los animales que los hombres traían a casa. Eso significa que limpiaban y preparaban las pieles para poder utilizarlas.

Los indígenas del Ártico solían ser bajitos y fuertes, de apariencia maciza. Esto les permitía vivir en el frío sin perder demasiado calor corporal.

¿Quieres saber más?

Las mujeres usaban los **tendones** de un animal marino llamado narval para coser la ropa. Así conseguían que fuera resistente al agua.

Todo queda en FAMILIA

Los pueblos indígenas del Ártico de Norteamérica vivían lejos los unos de los otros. El núcleo más importante era la familia, que normalmente tenía cinco o seis personas. En invierno, algunas familias vivían y cazaban juntas, pero llegado el verano, cada una tomaba un rumbo diferente.

No era común que los grupos de inuits tuvieran jefes. De hecho, si alguno comenzaba a tener demasiado poder, la familia lo ponía en su lugar. En general, no existía una forma de gobierno.

¿Quién?

Tanto los hombres como las mujeres solían elegir a la persona con la que se casarían. Algunos hombres tenían más de una esposa, o incluso era posible que dos hombres compartieran una misma esposa.

La gente del Ártico era bastante pacífica, tal vez porque todos consideraban que la comida y otras provisiones debían ser compartidas por el grupo.

El mundo de los ESPÍRITUS

Los inuits creían que todo, incluso las cosas, tenía un espíritu. A esto se le llama animismo. Creían que cuando algo moría, su espíritu iba a vivir al mundo de los espíritus.

Otra creencia importante de los inuits era que personas especiales llamadas chamanes eran las únicas que podían controlar a los espíritus. Los chamanes llevaban máscaras y hacían danzas para comunicarse con los espíritus. Después, decían lo que se tenía que hacer para contentar a estos seres, como, por ejemplo, ofrecerles regalos o mudarse a otro lugar.

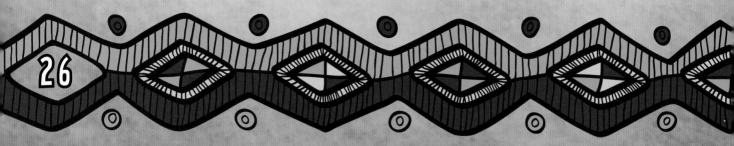

Las máscaras del chamán se hacían de madera o hueso de ballena. A menudo tenían forma de animales o representaban lo que el chamán veía en el mundo de los espíritus.

¿Quieres saber más?

Los inuits seguían ciertas reglas a la hora de cazar y comer para mantener a los espíritus contentos.

Contacto EXTERIOR

Durante la década de 1700, los indígenas del Ártico norteamericano conocieron por primera vez a gente de fuera. Las fuerzas navales rusas comenzaron a viajar a Alaska para conseguir pieles de nutrias marinas y focas. Muchos indígenas de la región ártica y subártica murieron luchando contra los rusos.

Hoy en día, muchos de los nativos de la región tienen un estilo de vida muy parecido al tuyo. Sus viviendas y los trabajos que realizan se han modernizado con el tiempo. Sin embargo, aún existen algunos modos de vida tradicionales. De hecho, muchos inuits se esfuerzan por conservar el arte, las creencias y las lenguas de su **cultura**.

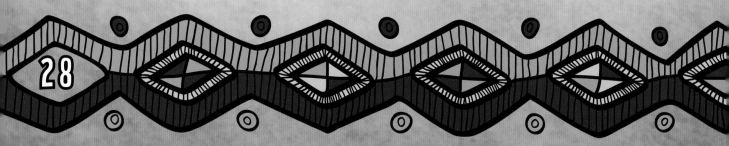

ARTE DE LOS PUEBLOS DEL ÁRTICO

El arte típico de los inuits, incluyendo las máscaras de los chamanes y otras **tallas**, es una parte importante de su cultura.

¿Quieres saber más?

El contacto con los europeos llegó mucho antes para los pueblos indígenas de Groenlandia que para los otros. Hace unos mil años, los antiguos nórdicos salieron de Islandia para explorar Groenlandia.

GLOSARIO

adaptar: cambiar en función de las condiciones.

antepasado: miembro de una familia que vivió hace mucho tiempo.

asta: cuerno de hueso que tienen algunos animales.

cultura: las creencias y el modo de vida de un pueblo.

descender de: proceder de cierto antepasado.

latitud: una de las líneas imaginarias que van de este a oeste por encima y por debajo del ecuador.

recursos: bienes utilizables de algún tipo.

región: territorio con ciertas características que lo diferencian de otros territorios cercanos.

talla: objeto que se crea cuando se corta y da forma a una materia, como la madera o el hueso.

tendón: material fibroso y resistente que viene del músculo de un animal.

tradicional: relacionado con las costumbres usadas desde hace mucho tiempo.

Para más INFORMACIÓN

Libros

Chesterfield, Jayson. *Inuit*. Nueva York, NY: PowerKids Press, 2016.

Doak, Robin S. *Arctic Peoples*. Chicago, IL: Heinemann Library, 2012.

Kuiper, Kathleen, ed. *Indigenous Peoples of the Arctic, Subarctic, and Northwest Coast*. Nueva York, NY: Rosen Educational Services, LLC, 2012.

Sitios de Internet

Arctic

education.nationalgeographic.com/encyclopedia/arctic/
Aprende más acerca de la región Ártica de la Tierra aquí.

Inuit Peoples

ducksters.com/history/native_americans/inuit_peoples.php
¿Quieres saber más acerca de los inuits? Aprende más acerca de su estilo de vida en este sitio web.

Nota del editor a los educadores y padres: nuestro personal especializado ha revisado cuidadosamente estos sitios web para asegurarse de que son apropiados para los estudiantes. Muchos sitios web cambian con frecuencia, por lo que no podemos garantizar que posteriores contenidos que se suban a esas páginas cumplan con nuestros estándares de calidad y valor educativo. Tengan presente que se debe supervisar cuidadosamente a los estudiantes siempre que tengan acceso al Internet.

ÍNDICE

Alaska 5, 6, 7, 28

aleutas 8

animismo 26

antepasado(s) 6, 7, 30

arpón 14, 16

Beringia 6, 7

Canadá 5

caribú(es) 10, 11, 12, 14, 20

casa(s) / vivienda(s) 4, 8, 12, 13, 22, 28

chamanes 26, 27, 29

costa(s) 10, 11, 14

creencia(s) 26, 28

espíritu(s) 26, 27

esquimal 8, 9

familia 24

foca(s) 12, 14, 15, 16, 20, 21, 28

Groenlandia 5, 29

iglú(es) 12, 13

inuit(s) 8, 9, 10, 11, 16, 17, 18, 19, 20, 21, 22, 24, 26, 27, 28, 29

Inuit-iñupiaqs 8

karmaks 12

kayaks 18, 19

lenguas 8, 28

nómada(s) 10, 12

pesca 16, 17, 22

recursos 4, 30

ropa 4, 20, 22, 23, 24

Siberia 6, 7

tierra adentro 10, 11

trabajos 22, 28

trineos 18

Tupik / tupiq 13

umiaks 18, 19

yupiks 8